코알라 샘이랑
미리 1학년 수학

코알라 샘이랑 미리 1학년 수학

1판 1쇄 발행일 2022년 12월 20일

글 이정 그림 뜬금
편집주간 이은아 편집 김경란, 조정우 디자인 키꼬, 안상준 마케팅 이상현, 민지원, 염승연
출판등록 제6-800호(2006. 6. 13.)
주소 03990 서울시 마포구 월드컵북로6길 69(연남동 567-11) IK빌딩 3층
전화 02-332-4885 팩스 02-6021-4885
🏠 bookmentorbooks.co.kr ✉ bookmentorbooks@hanmail.net
📷 bookmentorbooks__ ⓕ bookmentorbooks

ⓒ 이정, 2022

ISBN 978-89-6319-497-4 73410

※ 잘못된 책은 바꾸어 드립니다.
※ 이 책은 저작권법에 따라 보호를 받는 저작물이므로 무단 전재와 무단 복제를 금합니다.
※ 이 책의 전부 또는 일부를 쓰려면 반드시 저작권자와 출판사의 허락을 받아야 합니다.
※ 책값은 뒤표지에 있습니다.

인증 유형 공급자 적합성 확인 **제조국명** 대한민국 **사용 연령** 6세 이상
KC마크는 이 제품이 공통안전기준에 적합하였음을 의미합니다.
종이에 베이거나 책 모서리에 다치지 않도록 주의하세요.

코알라 샘이랑 미리 1학년 수학

이정 글 · 뜬금 그림

북멘토

글쓴이의 말

초등학교 입학을 앞둔 자녀가 있는 부모님이라면 아마도 우리 아이가 학교생활을 잘 해낼 수 있을지가 가장 큰 걱정일 거예요.

아이들은 드디어 학교에 간다며 신이 나서 한껏 들뜨지요. 하지만 마음 한편으로는 학교라는 낯선 곳에 대한 두려움을 느껴요. 이런 마음은 아이뿐만 아니라 부모도 마찬가지예요. 내 아이가 벌써 이렇게 커서 학교에 들어가다니 하면서 기쁨과 뿌듯함을 느낌과 동시에 아이가 학교생활을 잘할 수 있을지에 대한 걱정이 밀려오는 등 여러 가지 감정이 교차하게 되지요.

학교에서 이제 막 입학한 1학년 아이들이 작은 몸에 커다란 책가방을 들고 총총 걸어가는 모습을 보면, 교사인 저도 '저 작은 몸에 저 큰 책가방을 어떻게 메고 다닐까'라는 걱정이 앞서기도 해요. 하지만 학교는 엄연히 의무교육 기관으로 우리나라 부모라면 자신의 아이를 꼭 보내야만 하는 곳이에요. 그렇다면 입학을 앞둔 학부모들은 소중한 우리 아이가 학교에 잘 적응하고 힘들지 않게 보내는 방법을 찾아야겠지요.

초등학교 1학년 학교생활의 핵심은 새로운 환경인 초등학교에 잘 적응하는 거예요. 그다음은 아이가 학교 수업을 잘 이해하고 따라가게 해야 하지요. 특히, 학부모 대부분이 학교 수업 중에서도 국어와 수학 과목에 대한 관심이 많을 거예요. 그중에도 수학에 더 민감하게 반응하지요. 왜냐하면 다른 과목은 아이들 간의 차이를 쉽게 찾지 못하지만, 수학은 우리 아이와 주변 아이와의 차이를 확연히 볼 수 있는 과목이기 때문이에요. 그래서 아이의 학습 능력을 수학 학습 능력으로 판단하는 경우도 있지요.

그래서 학교 입학을 준비하는 단계부터 수학을 정확하게 알고 대비한다면 우리 아이의 학교생활에 많은 도움이 될 거예요. 아무쪼록 이 책이 우리 1학년 아이들과 학부모님들에게 도움이 되길 기대해요.

코알라 샘 이정

차례

1장 수학이 궁금해요

수학이 뭐예요?
수학은 우리 생활이에요 11
생활에서 사용하는 수가 바로 수학이에요 12
수학에는 수만 있는 게 아니에요 14
놀이에도 수학이 있어요 15
날씨에도 수학이 있어요 16
우주선에도 수학이 있어요 17

수학은 왜 배워야 할까요?
학교생활을 잘하게 도와줘요 19
학교 수업 준비를 도와줘요 28

 코알코알 꿀팁!
화장실에는 언제 가나요? 22 • 내 자리 찾기 23 • 이름 수 알기 24

학교에서 수학은 어떻게 배울까요?
수학 시간이 따로 있어요 31
수학 교과서와 수학 익힘책으로 배워요 32
준비물이 필요해요 34
복습이 중요해요 37

 코알코알 꿀팁!
교과서 잘 관리하는 법 33 • 준비물 잘 챙기는 법 36 • 채점 잘하는 법 38

2장 수학 수업이 궁금해요

수를 배워요

수 세기 43 • 1에서 9까지의 수 44 • 순서를 나타내는 수 48
50까지의 수 50 • 100까지의 수 54

 코알코알 꿀팁!

수학 놀이 잘하는 법 52 • 100은 어떤 수일까요? 55

더하기와 빼기를 배워요

모으기와 가르기 57 • 더하기와 빼기 59 • 덧셈과 뺄셈 61

 코알코알 꿀팁!

수학 잘하는 법 60 • 덧셈과 뺄셈 잘하는 법 65

여러 가지 모양을 배워요

만들기 67 • 그림 그리기 70

 코알코알 꿀팁!

발표와 모둠 활동 잘하는 법 71

또 어떤 수학을 배우나요?

길이 비교 73 • 무게 비교 75 • 여러 가지 비교 활동 77
시계 보기 78 • 규칙 찾기 79

 코알코알 꿀팁!

문장으로 말하기 74

 학부모를 위한 코알라 샘의 꼼꼼팁! 82   정답 87

1장
수학이 궁금해요

○ 수학이 뭐예요? ○ 수학은 왜 배워야 할까요?
○ 학교에서 수학은 어떻게 배울까요?

수학은 우리 생활이에요

학교에서는 유치원과 다르게 과목을 정해서 공부해요. 국어, 수학, 통합 교과 등 여러 과목이 있어요. 그중에서 1학년 학생이 재미있어하기도 하고 어려워하기도 하는 과목이 수학이에요. 수학은 생활 곳곳에서 우리와 함께하고 있어요. 그래서 수학을 잘하면 생활하는 데 아주 큰 도움이 된답니다.

생활에서 사용하는 수가 바로 수학이에요

혹시 이런 질문을 받아 본 적이 있을 거예요.

"몇 살이니?"

"가족은 몇 명이니?"

이런 질문을 받고 어떻게 대답했나요?

"저는 7살이에요"

"우리 가족은 4명이에요."

이렇게 대답했을 거예요.

여기서, '7'과 '4'를 무엇이라고 하는지 아나요? 맞아요. '수'라고 해요. 이런 수에는 1, 2, 3, 4, 5, 6 …… 등 많이 있지요. 이렇게 생활에서 사용되는 수를 배우는 것이 수학이에요.

수학에는 수만 있는 게 아니에요

유치원에서 세모, 네모, 동그라미 등 여러 가지 모양에 대해서 배웠을 거예요. 만일 우리가 즐겁게 타는 자전거의 바퀴가 세모나 네모 모양이면 어떨까요? 아마 바퀴가 잘 굴러 가지 않아서 움직이기가 힘들 거예요. 그러면 자전거를 재미있게 탈 수도 없겠지요. 그래서 자전거 바퀴는 빙글빙글 잘 돌아갈 수 있게 동그란 모양으로 되어 있는 거랍니다.

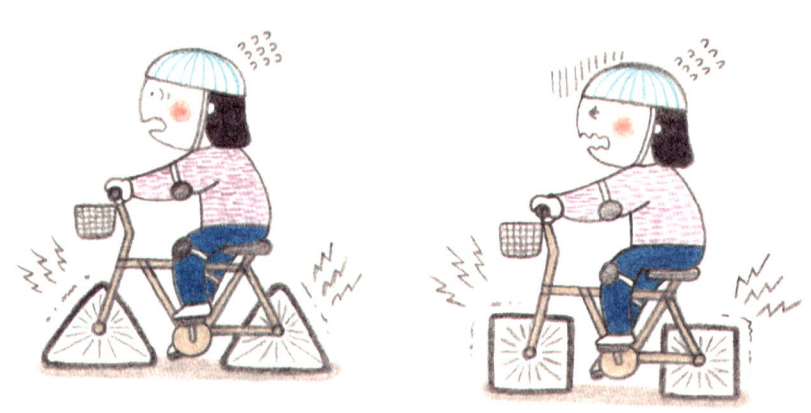

놀이에도 수학이 있어요

가족이랑 또는 친구들이랑 보드게임을 해 본 적이 있을 거예요. 그때 꼭 필요한 것이 바로 주사위예요. 주사위를 던져서 나온 수만큼 게임판 위를 이동할 수 있기 때문이지요.

그런데 주사위의 눈이 몇 개인지 세지 못하면, 게임도 하지 못하겠죠. 그래서 수학은 공부가 아닌 즐거운 놀이를 위해서라도 꼭 필요하답니다.

날씨에도 수학이 있어요

오늘 날씨가 어땠나요? 너무 더웠나요? 아니면 너무 추웠나요? 혹시 덥거나 추운 것을 어떻게 나타내는지 아나요? 바로 기온으로 나타낸답니다.

기온은 '도'로 나타나는데 숫자가 클수록 더워요. 만약 오늘 기온이 '35도'라면 엄청 덥다는 뜻이에요. 이런 날은 되도록 바깥 활동을 하지 않는 것이 좋아요. 꼭 밖에 나가야 한다면 챙이 넓은 모자를 쓰고 나가고, 자주 물을 먹어 주는 게 좋아요.

이렇게 수학은 우리가 생활하는 데 꼭 필요한 날씨 정보를 아는 데도 필요하답니다.

우주선에도 수학이 있어요

로켓을 그려 본 적이 있나요? 로켓을 어떻게 그렸나요? 혹시 로켓을 네모나게 그리지는 않았지요. 아마도 앞이 뾰족하게 그렸을 거예요. 그런데 왜 로켓의 앞부분은 뾰족한 걸까요?

로켓 앞이 평평하면 잘 날아갈 수 없어요. 뾰족해야 공기를 뚫고 잘 날 수 있거든요. 이렇게 로켓이 잘 날아가려면, 어떤 모습이어야 할지를 생각하는 것도 수학이랍니다.

수학은 왜 배워야 할까요?

공부를 잘하려면 수학을 잘해야 한대요.

엄마가 하라고 하니까요.

수학이 가장 중요하대요.

수학이 가장 어려우니까요.

학교생활을 잘하게 도와줘요

수학이 뭐라고 했나요? 맞아요. 생활이라고 했지요. 그럼 학교생활을 잘하기 위해서도 수학이 꼭 필요하겠죠. 수학이 학교생활을 잘할 수 있게 도와주거든요. 수학이 어떻게 우리의 학교생활을 도와주는지 함께 알아봐요.

지각하지 않게 도와줘요

학교는 정해진 시간에 가야 해요. 그래야 다 같이 수업을 잘할 수 있어요. 만약 누군가 학교에 늦게 와서 수업 중에 들어오면 수업에 방해가 되겠지요.

그래서 단체 생활하는 학교에는 정해진 시간에 맞추어서 가야 해요. 그러려면 시계를 볼 수 있어야 해요. 내가 늦었는지 안 늦었는지 알아야 하니까요.

학교에서 첫 수업은 9시쯤에 시작해요. 학교에 따라서는 아침에 다양한 활동을 하는 경우가 있어요. 그러면 8시 40분까지 학교에 오라고 할 수도 있어요.

학교에 지각하지 않기 위해서는 집에서 학교까지 시간이 얼마나 걸리는지 알아야 해요. 만약 집에서 학교까지 20분 정도 걸린다면 등교 시간보다 20분 빨리 집에서 출발해야 하지요. 예를 들어 등교 시간이 9시라면 집에서 8시 40분 전에 출발해야 해요.

우리 반이 어디에 있는지 알려 줘요

학교에서는 반 이름을 1반, 2반, 3반 등과 같이 숫자로 표시해요. 그런데 초등학교에는 학년도 1학년부터 6학년까지 있지요. 그래서 반 이름을 표시할 때는 학년과 반을 1-1, 2-2 등과 같이 동시에 표기해요. 여기서 앞에 나온 숫자는 학년을 뜻하고, 뒤에 나온 숫자는 반을 나타내지요. 즉, 1-1은 1학년 1반이라는 뜻이고, 2-2는 2학년 2반을 말해요.

반 이름을 정확히 알아야 화장실에 가거나 운동장에서 논 뒤에 다시 자기 반으로 찾아갈 수 있어요.

내가 만약 1학년 1반이라면 화장실에 어떻게 갔다 와야 할까요?

화장실에는 언제 가나요?

학교에 가면, 화장실을 유치원 때처럼 아무 때나 가면 안 되어요. 시간표를 보고 쉬는 시간에 가야 한답니다. 그래야 함께 수업하는 친구들에게 방해가 되지 않아요. 정말 화장실이 급하면 어떻게 하냐고요? 걱정하지 않아도 되어요. 손을 들고 선생님께 말씀드리면, 선생님이 화장실에 가도록 해 주실 거예요.

하지만 이제 유치원생이 아니고 어엿한 초등학생이니 초등학생답게 화장실은 쉬는 시간에 가야겠죠. 또, 화장실에 가고 싶다고 수업하는 선생님께 "선생님, 수업 언제 끝나요?" 하고 자꾸 물으면 안 되어요. 학교에 있는 시계를 보고 스스로 알도록 노력해 보세요.

내 자리 찾기

학교에 가면 유치원 때와는 달리 자기 자리가 정해져요. 그래서 아무 데나 앉으면 안 되고, 정해진 내 자리에 앉아야 하지요. 그럼 1학년 내내 그 자리에 앉아야 할까요? 아니에요. 자리는 일주일이나 이 주일, 한 달 뒤 바꾸어 가면서 앉아요. 그렇다 보니 자기 자리가 어디인지 헷갈릴 수 있어요.

그러니까 내 옆이나 앞뒤 친구가 누구인지 기억하면서 내 자리를 잊지 않게 주의를 기울이는 게 좋아요. 자, 그럼 아래 그림을 보고 내 자리가 어디인지 맞혀 보세요.

※ 정답은 87쪽에 있어요.

이름 수 알기

    학교에 가기 전에 이름 수를 알아 두면 좋아요. 이름 수란 사물의 이름처럼 사용되는 수를 말해요. 예를 들면, 전화번호, 우편 번호, 차량 번호, 버스 번호가 있어요.

    학교에 가면 엄마나 아빠한테 전화해야 하는 상황이 생길 수도 있어요. 그럴 때 엄마 아빠한테 전화하려면 엄마 아빠 전화번호를 알아야겠지요.

    또, 버스를 타야 할 때를 대비해서 내가 타는 버스 번호를 알아 두면 좋아요.

출석 번호를 만들어 줘요

학교에 가면 선생님이 출석 번호를 알려 줘요. 출석 번호는 학교생활을 하는 데 많은 편리함을 제공해요. 예를 들면 줄을 설 때나, 사물함을 이용할 때 도움을 주지요. 선생님이 이름과 함께 숫자 번호를 불러 주는데, 그 숫자가 바로 출석 번호예요. 만약 선생님이 '1번 김광석, 2번 김누리, 3번 남희망…….'이라고 말했다면, 김광석의 출석 번호는 1번이에요. 김누리는 2번이고, 남희망은 3번이지요.

출석 번호는 가나다순으로 또는 생일 순서대로 정해지는 경우가 많아요. 남학생과 여학생을 구분해서 번호를 정하기도 해요. 예를 들어 남학생을 1번, 2번, 3번 순으로 정하면, 여학생은 31번, 32번, 33번 순으로 정하기도 해요.

이렇게 학교마다 출석 번호를 붙이는 방법이 다르기 때문에, 우리 학교에서는 어떻게 붙이는지 알아 두면 좋아요.

출석 번호는 사물함을 이용할 때도 필요해요. 학교에 가면 개인 사물함이 있어요. 이곳에 필요한 물건을 보관할 수 있지요. 이때 내 출석 번호와 같은 사물함을 쓰게 된답니다. 그래서 출석 번호를 사물함 번호, 개인 장 번호라고도 한답니다.

줄을 설 때도 출석 번호대로 서는 경우가 있어요. 점심을 먹을 때나 체험 학습을 갈 때 등 학교에서는 줄을 설 일이 많아요. 하지만 줄을 설 때 출석 번호가 아닌 키 크기 순서로 정한 키 번호를 사용하기도 하지요.

학교 수업 준비를 도와줘요

학교에 가면 교실 벽에 시간표가 붙어 있어요. 또, 시간표는 집에서도 볼 수 있게 선생님이 나눠 주지요.

시간표에는 요일별로 우리가 배울 과목이 표기되어 있어요. 그래서 시간표를 보고 오늘 무엇을 배울지 알 수 있어요. 또, 다음 날 수업에 필요한 준비도 할 수 있지요.

자, 그럼 아래의 시간표를 보고 시간표 읽기를 해 볼까요.

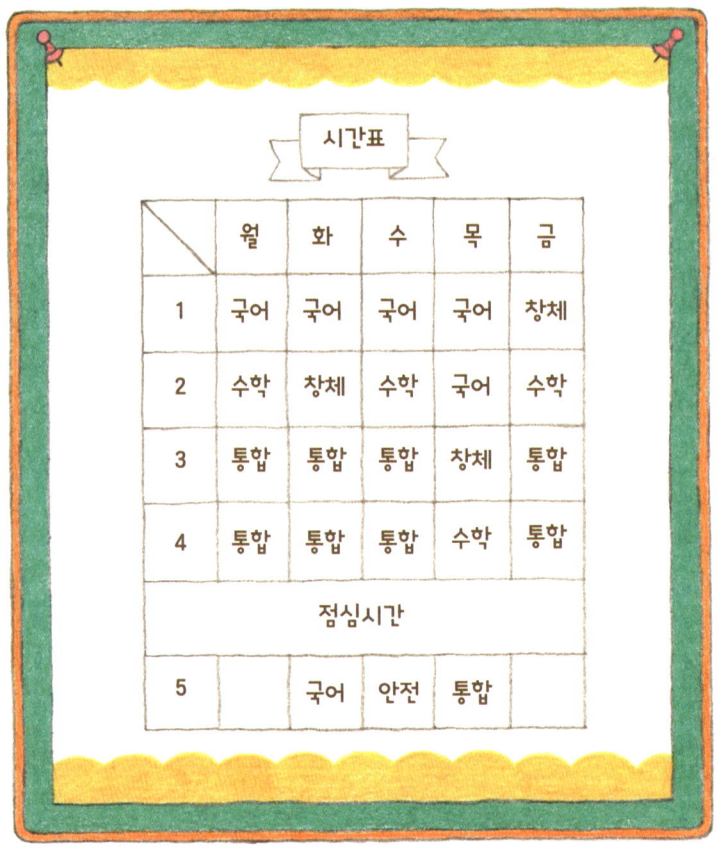

※학교마다 시간표는 다를 수 있습니다.

학교에서 수학은 어떻게 배울까요?

교과서로요.

수학 시간에 배워요.

선생님께서 가르쳐 주시는 대로요.

무조건 쉬웠으면 좋겠어요.

수학 시간이 따로 있어요

학교에 가면 일주일 동안 배울 내용이 적힌 시간표가 있어요. 시간표는 반마다 다르지만, 일주일 동안 배우는 과목의 총시간은 같아요. 수학도 마찬가지예요.

학교에 간 첫 달인 3월에는 학교에 적응하는 기간이에요. 그래서 수학을 배우지 않아요. 본격적인 학교 수업은 4월부터 이루어져요. 국어, 수학, 통합 교과, 안전한 생활을 시간표에 따라 배워요. 그중에 수학 시간은 일주일에 네 번 있어요.

시간표를 보고 수업이 시작되기 전에 이번 시간에 배울 교과서와 준비물을 미리미리 챙겨야 해요.

시간표

	월	화	수	목	금
1	국어	국어	국어	국어	창체
2	수학	창체	수학	국어	수학
3	통합	통합	통합	창체	통합
4	통합	통합	통합	수학	통합
점심시간					
5		국어	안전	통합	

수학 교과서와 수학 익힘책으로 배워요

수학 시간이 되면 꼭 준비해야 하는 것이 있어요. 바로 수학 교과서와 수학 익힘책이에요.

선생님은 수학 교과서를 가지고 수업하세요. 그리고 수학 교과서의 짝꿍인 수학 익힘책으로 배운 내용을 더 잘 익힐 수 있게 하지요.

수학 익힘책은 주로 문제로만 되어 있어요. 그래서 수업 시간에 수학 익힘책을 사용하기도 하고, 숙제로 내주기도 해요.

수학 익힘책 뒤에는 문제에 대한 답이 있어요. 문제를 풀고 난 뒤 스스로 답을 맞출 수 있게요. 그래서 답을 먼저 보고 문제를 풀면 안 되어요. 먼저 문제를 풀고 나서 나중에 답을 맞추어야 수학 실력이 쑥쑥 늘 수 있답니다.

교과서 잘 관리하는 법

학교에 입학하면 선생님이 교과서를 나누어 주어요. 물론 수학 교과서와 수학 익힘책도 주지요.

그럼 제일 먼저 수학 교과서와 수학 익힘책 뒤에 있는 이름 쓰는 곳에 자신의 반과 번호, 이름을 써야 해요. 반과 번호, 이름을 안 쓰면 친구들 교과서와 섞였을 때 찾기가 어려워요. 그러니까 이름을 꼭 써야겠죠.

준비물이 필요해요

학교에서 수학 수업할 때 필요한 준비물이 있어요.

가장 기본이 되는 준비물은 연필과 지우개예요. 문제를 풀려면 꼭 있어야겠지요.

그다음으로 자가 필요해요. 수학 시간에는 그림을 그리거나 선을 그릴 때가 많아요. 그때 자를 이용해야 하지요.

자도 여러 가지 종류가 있어요. 기다란 선을 그을 수 있는 자, 세모 모양의 삼각자, 동그라미나 세모, 네모 등 여러 가지 모양을 그릴 수 있는 모양 자 등이 있지요.

그중에서 선을 그릴 수 있는 자는 필통에 넣을 수 있는 15센티미터 길이의 자가 좋아요. 그럼 필통에 항상 넣고 다닐 수 있으니까요. 모양 자는 1학년 2학기 때 사용해요.

색연필도 필요해요. 색연필로 여러 가지 모양을 그리고 색칠도 하지만, 내가 푼 문제의 답이 맞았는지 틀렸는지 채점할 때도 필요하지요.

가위와 풀도 준비해 두면 좋아요. 가위와 풀은 수학 시간이 아닌 다른 시간에도 자주 사용하니까요. 물론 학교에서 선생님이 준비해서 주실 수도 있지만, 미리미리 챙겨 두면 좋아요.

준비물 잘 챙기는 법

하나

학교에 가기 전에, 시간표를 보고 수학 시간이 있는지 확인해요. 만약 수학 시간이 있다면 수학 준비물을 잘 챙겼는지 확인해요.

둘

수학 수업이 끝나면, 준비물을 필통이나 준비물 통을 따로 준비해 두었다가 그 안에 담아요.

셋

친구한테 준비물을 빌려준 다음에는 잘 기억했다가 꼭 돌려받아요.

복습이 중요해요

수업 시간에 배울 내용을 미리 공부하는 것을 '예습'이라고 하고, 수업이 끝나고 나서 배운 것을 다시 한번 공부하는 것을 '복습'이라고 해요.

수학을 잘하기 위해서는 오늘 수업 시간에 배울 수학 교과서를 미리 공부해 가는 것이 좋을까요? 그 답은 선생님 말씀에서 찾을 수 있어요. 수업 시간이 되면 대부분의 선생님이 하는 질문이 있어요.

"지난 시간에 무엇을 배웠나요?"

맞아요. 오늘 수업을 잘하기 위해서는 지난 시간에 배운 것을 잘 알고 있는 것이 중요해요. 그러니까 예습보다는 복습이 중요하다는 거예요.

다시 말해 예습은 안 해도 되지만, 복습은 꼭 해야 한다는 거예요. 복습한 후에 다음 시간에 배울 것이 궁금하면 예습해도 좋아요.

하지만 수학 교과서를 미리 풀기보다는 다른 참고서를 이용해서 예습하는 것이 좋아요. 수학 교과서는 수업 시간에 선생님과 함께 푸는 것이 제일 좋거든요. 또, 앞으로 배울 내용을 다 알고 가면 선생님 수업이 재미없을 수도 있답니다.

채점 잘하는 법

수학 공부할 때는 문제를 푸는 경우가 많아요. 그런데 문제를 풀다 보면 항상 정확하게 풀지 못해요. 실수로 틀리게 풀거나, 아예 문제를 어떻게 풀어야 할지 모를 때도 있어요. 그래서 채점을 잘해야 해요.

▶ 잘 알고 정확하게 풀어서 맞았으면
  동그라미(○) 표시를 해요.

 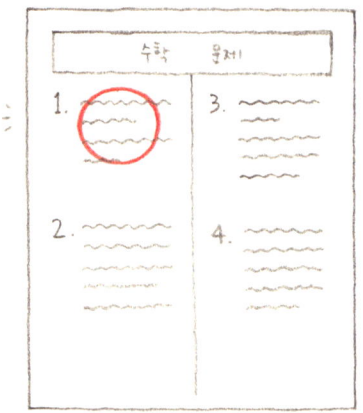

▶ 어떻게 풀어야 하는지 알고 있는데
  틀린 경우는 작대기(/) 표시를 해요.

 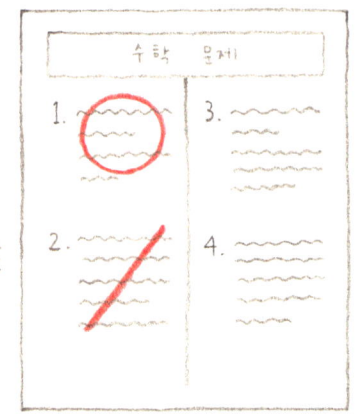

▶ 정확히 모르고 알쏭달쏭한 경우에는 세모(△) 표시를 해요.

 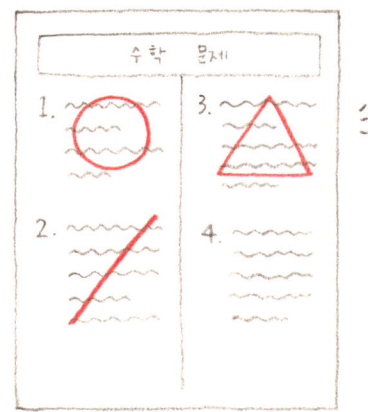

▶ 어떻게 풀어야 할지 아예 모르는 경우에는 문제에 별(☆) 표시를 해요.

 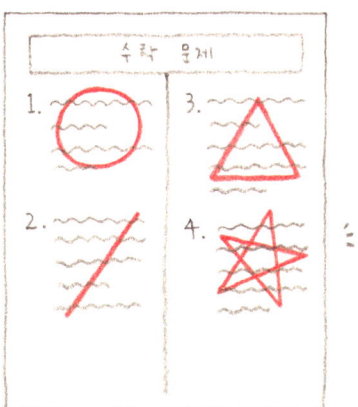

채점한 후에는 틀린 문제만 다시 풀면 되어요. 만약 문제를 전혀 이해하지 못했을 때는 공부한 내용을 다시 복습한 후에 풀어요.

2장
수학 수업이 궁금해요

- 수를 배워요
- 더하기와 빼기를 배워요
- 여러 가지 모양을 배워요
- 또 어떤 수학을 배우나요?

수를 배워요

- 수 세기
- 1에서 9까지의 수 
- 순서를 나타내는 수
- 50까지의 수
- 100까지의 수

수 세기

수를 얼마만큼 셀 수 있나요? 학교 수학 시간에는 제일 먼저 수를 읽는 법을 배워요. 어렸을 때 손가락으로 수를 세던 것처럼 학교에서도 처음 수를 배울 때는 손가락으로 하나씩 짚어 가면서 수를 익혀요.

자, 그럼 아래의 그림에 있는 수를 손가락으로 짚어 가면 세어 보세요. 그런 다음 사과와 귤과 딸기가 각각 몇 개씩 있는지 큰 소리로 말해 보세요.

※ 정답은 87쪽에 있어요.

1에서 9까지의 수

학교에서 처음 수학 공부를 시작하는 4월에는 1에서 9까지의 수를 배워요. 먼저 수를 센 다음, 그 수만큼 점(●)이나 숫자로 나타내는 것을 배워요. 그리고 숫자를 읽는 법도 배우지요. 예를 들어 1은 '하나'라고도 읽지만 '일'이라고도 읽지요. 이렇게 수를 두 가지로 읽는 법을 익히게 된답니다.

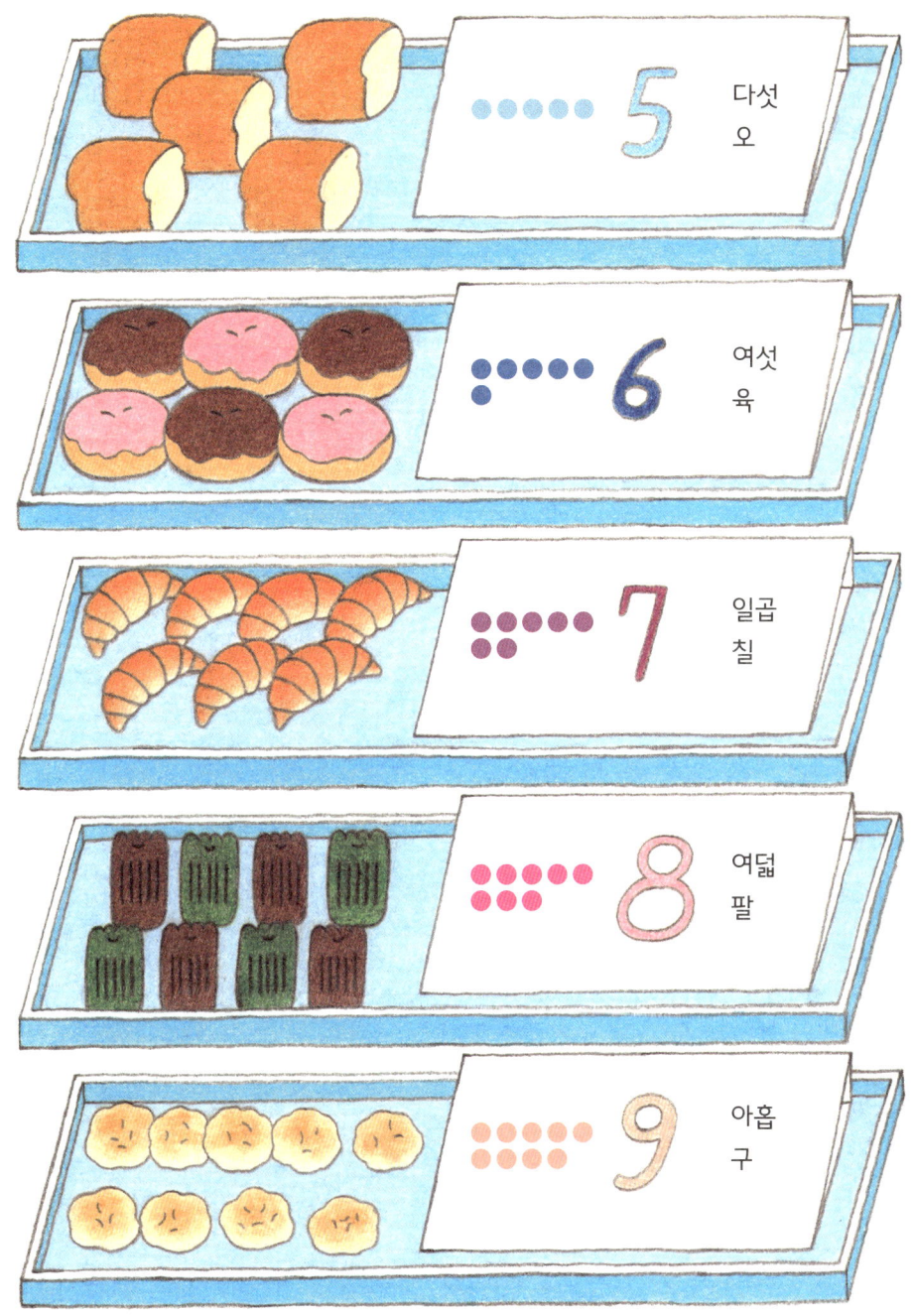

숫자를 읽을 수 있다면, 이제는 숫자 쓰기를 배워요. 아래 수를 큰 소리로 읽으면서 또박또박 써 보세요.

먼저 점선을 따라 숫자를 바르게 쓰는 연습을 해 봐요. 그런 다음 점선 없이 숫자 쓰기를 연습해 보세요.

1 | | |
2 2 2 2
3 3 3 3
4 4 4 4
5 5 5 5
6 6 6 6
7 7 7 7
8 8 8 8
9 9 9 9

숫자는 다른 사람들이 알아볼 수 있게 써야 해요. 숫자를 삐뚤삐뚤 쓰면 선생님과 친구들이 어떤 숫자인지 알 수가 없어요.

순서를 나타내는 수

수는 개수를 나타낼 뿐만 아니라, 순서를 나타낼 수도 있어요.

여러분은 집에서 몇째인가요? 첫째라면 형제자매 중에서 제일 먼저 세상에 태어난 거예요. 둘째라면 첫째 다음으로 태어난 거고요.

이렇게 첫째, 둘째, 셋째, 넷째……, 또는 첫 번째, 두 번째, 세 번째, 네 번째 등에 사용되는 수는 순서를 나타내요.

자, 그림을 보고 놀이 기구에 세 번째로 탈 친구가 누구인지 찾아보세요. 또, 다섯 번째로 탈 친구가 누구인지도요.

※ 정답은 87쪽에 있어요.

수업 시간에 선생님이 말씀하셨어요.

"앞에서 두 번째 줄 일어나세요."

선생님 말씀을 제대로 이해하지 못한 친구들을 찾아보세요.

※ 정답은 87쪽에 있어요.

50까지의 수

1학년 1학기가 끝나는 7월에는 신나는 여름 방학이 있어요. 여름 방학이 될 때까지 배우는 수는 1에서 50까지의 수예요.

개수가 너무 많아서 세기가 어렵죠. 이럴 때는 10개씩 묶어서 수를 세면 되어요. 그럼 쉽게 수를 셀 수 있답니다.

10개씩 묶어 세니까 참 쉽네.
컵은 모두 50개입니다.

수학 놀이 잘하는 법

수학 교과서에는 수와 관련된 놀이가 많이 나와요. 그래서 수업 시간에 선생님과 친구들이랑 수학 놀이를 많이 하게 된답니다.

수학 놀이를 잘하려면 가장 먼저 어떤 놀이인지 알아야 해요. 그러니까 귀를 쫑긋하고 선생님이 놀이를 설명해 주실 때, 잘 들어야 해요. 만약 친구가 놀이 방법을 모르면 친구에게 놀이 방법을 차근차근 설명해 주세요. 그래야 친구와 함께 즐겁게 놀이할 수 있으니까요.

자, 그럼 친구들이 무슨 수학 놀이를 하나 구경해 볼까요?

자, 손을 잡고 신나게 노래를 부르다가 선생님이 숫자를 부르면 그 수만큼 모이는 거예요.

3!

100까지의 수

2학기를 시작하는 8월과 9월에는 1학년에서 배우는 가장 큰 수인 100까지의 수를 배워요. 하지만 큰 수라고 겁먹을 필요 없어요.

아래 장미꽃을 보세요. 정말 많지요. 하지만 이렇게 많은 장미꽃도 앞에서처럼 10개씩 묶어서 세면 몇 송이인지 쉽게 알 수 있답니다.

100은 어떤 수일까요?

10은 9보다 얼마나 큰 수일까요? 맞아요. 10은 9보다 1 큰 수이지요.

그렇다면 100은 어떤 수일까요? 바로 99보다 1 큰 수예요.

1학년을 끝마칠 때에는 1부터 100까지 읽을 수 있어야 해요. 자 그럼, 큰 소리로 1에서 100까지 읽어 볼까요.

1	2	3	4	5	6	7	8	9	10
11	12	13	14	15	16	17	18	19	20
21	22	23	24	25	26	27	28	29	30
31	32	33	34	35	36	37	38	39	40
41	42	43	44	45	46	47	48	49	50
51	52	53	54	55	56	57	58	59	60
61	62	63	64	65	66	67	68	69	70
71	72	73	74	75	76	77	78	79	80
81	82	83	84	85	86	87	88	89	90
91	92	93	94	95	96	97	98	99	100

모으기와 가르기

6월쯤 되면, 모으기를 배워요. 모으기란 두 수를 하나로 모으는 거예요. 예를 들면 로봇이나 곰 인형이 모두 몇 개인지 알아맞히는 거예요.

◆ 로봇은 모두 몇 개인가요?

◆ 곰 인형은 모두 몇 개인가요?

※ 정답은 87쪽에 있어요.

모으기를 배운 다음에는 가르기를 배워요. 하나의 수를 어떤 두 수로 가르는 걸 말해요. 아래 그림을 보고 우유랑 빵이 어떻게 갈라졌는지 숫자로 쓰고 말해 보세요.

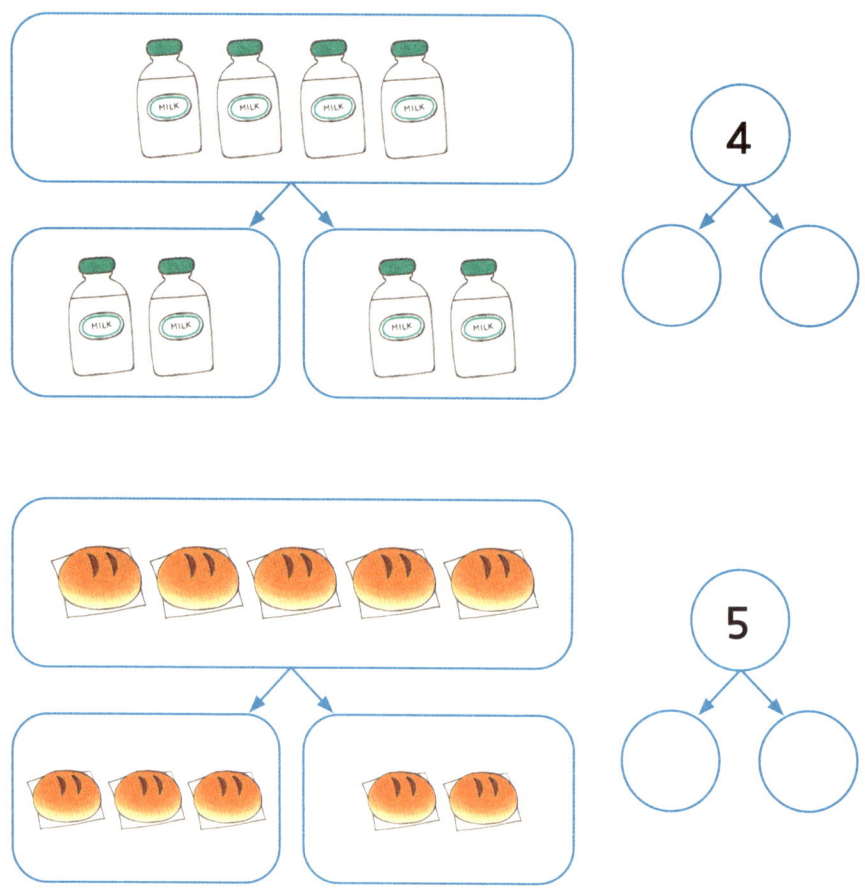

※ 정답은 87쪽에 있어요.

더하기와 빼기

모으기와 가르기를 익히고 나면, 더하기와 빼기를 배워요. 더하기와 빼기를 하려면 더하기와 빼기를 뜻하는 표시를 알아야 해요.

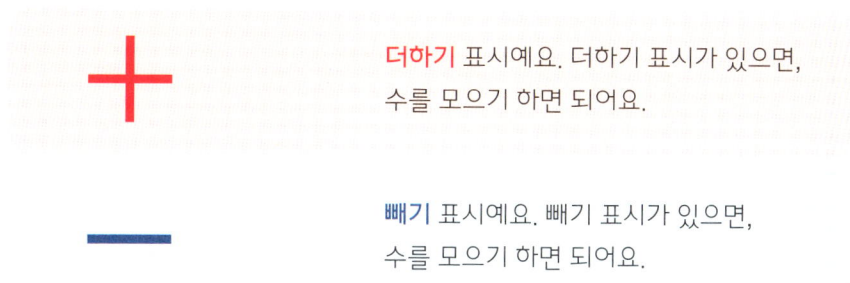

+ 더하기 표시예요. 더하기 표시가 있으면, 수를 모으기 하면 되어요.

− 빼기 표시예요. 빼기 표시가 있으면, 수를 모으기 하면 되어요.

더하기와 빼기를 할 때는 '같다'를 뜻하는 '=' 표시도 알아야 해요. 예를 들어 '3+1=4'를 어떻게 읽어야 하는지 알아볼까요?

= '같다'는 표시예요. '은/는'으로 읽어요.

3+1=4
3 더하기 1은 4와 같습니다.
3과 1의 합은 4입니다.

또, '6-2=4'를 어떻게 읽어야 할까요?

수학 잘하는 법

수학 공부를 잘하고 싶나요? 그렇다면 선생님의 말씀을 잘 들어야 해요.

만일 내가 알고 있는 내용을 선생님이 설명한다면 안 들어도 될까요? 아니요. 절대 그러면 안 되어요. 내가 이미 알고 있다고 해서 선생님의 말씀을 잘 안 들으면 선생님이 알려 주는 다른 것들을 놓칠 수 있어요. 그러니까 더 귀를 쫑긋하고 들어야 한답니다.

덧셈과 뺄셈

1학기 때는 9가 넘어가지 않는 수의 더하기만 해요. 하지만 2학기가 되면 덧셈과 뺄셈을 엄청 많이 해요. 2학기에 배우는 수학 단원은 총 6개인데, 그중에 3개 단원이 덧셈과 뺄셈이에요. 정말 많죠. 어떤 덧셈과 뺄셈을 하는지 알아보고, 문제도 풀어 보세요.

받아올림 없는 덧셈과 뺄셈

9월에는 (몇십 몇)+(몇), (몇십)+(몇), (몇십)+(몇십)을 해요.

42 + 3 = ☐

$$\begin{array}{r} 52 \\ +3 \\ \hline \end{array}$$

20 + 5 = ☐

$$\begin{array}{r} 30 \\ +2 \\ \hline \end{array}$$

60 + 10 = ☐

$$\begin{array}{r} 50 \\ +30 \\ \hline \end{array}$$

※ 정답은 87쪽에 있어요.

그러다가 (몇십 몇)+(몇십 몇)을 해요.

52 + 27 =

```
   54
+  31
_____
```

12 + 65 =

```
   62
+  23
_____
```

뺄셈도 마찬가지로 (몇십 몇)−(몇십 몇)까지 해요.

32 − 22 =

```
   78
−  35
_____
```

45 − 12 =

```
   54
−  21
_____
```

※ 정답은 88쪽에 있어요.

더하거나 빼서 10이 되는 수

10월에는 더해서 10이 되는 수와 10에서 빼서 나온 수를 배워요. 다음 네모 안에 알맞은 수를 넣어서 더하거나 빼서 10이 되게 만들어 보세요.

1 + ☐ = 10   10 − 1 = ☐

2 + ☐ = 10   10 − 2 = ☐

3 + ☐ = 10   10 − 3 = ☐

4 + ☐ = 10   10 − 4 = ☐

5 + ☐ = 10   10 − 5 = ☐

6 + ☐ = 10   10 − 6 = ☐

7 + ☐ = 10   10 − 7 = ☐

8 + ☐ = 10   10 − 8 = ☐

9 + ☐ = 10   10 − 9 = ☐

※ 정답은 88쪽에 있어요.

받아올림과 받아내림이 있는 덧셈과 뺄셈

2학기에는 마지막으로 받아올림과 받아내림이 있는 덧셈과 뺄셈을 배워요. 받아올림은 두 수의 합이 10보다 커져서 십의 자리 수가 되는 것을 말해요. 반대로 받아내림은 일의 자리 수끼리 뺄 때, 십의 자리에 있는 수를 받아 내려와서 빼는 것을 말해요.

◆ 받아올림이 있는 두 수의 덧셈

6 + 6 =

6 + 7 =

8 + 8 =

8 + 9 =

두 수를 합하니까 십의 자리가 생겼어. 이게 받아올림이구나.

◆ 받아내림이 있는 두 수의 뺄셈

16 - 8 =

16 - 9 =

12 - 6 =

12 - 7 =

6이 8보다 작아서 뺄 수가 없어. 십의 자리에서 빌려 와서 빼야 해. 이게 바로 받아내림이라고.

※ 정답은 88쪽에 있어요.

덧셈과 뺄셈 잘하는 법

덧셈과 뺄셈은 수학의 기초가 되어요. 또, 생활하는 데도 꼭 필요하지요. 그래서 매우 중요해요. 그런데 덧셈과 뺄셈을 빨리하려다가 틀리는 친구들이 많아요. 덧셈과 뺄셈은 빨리 푸는 것보다 정확하게 푸는 것이 중요해요. 물론 빨리 정확히 풀 수 있다면 더 좋겠죠. 그러기 위해서는 연습이 필요해요.

다음과 같이 연습하면 덧셈 실력이 쑥쑥 늘 수 있답니다.

1. 0~9까지 쓰여 있는 숫자 카드를 각각 2장씩 준비해요.

2. 숫자가 안 보이게 숫자 카드를 뒤집어서 잘 섞어요. 숫자 카드 2장을 뽑은 뒤 덧셈을 연습해요.

만들기

1학기 때는 선생님이 보여 주시는 모형과 비슷한 모양의 물건 찾기를 해요. 선생님이 보여 주시는 모형을 잘 살펴본 다음, 주변을 둘러보세요. 선생님이 보여 주신 모형과 어떤 물건이 같나요? 그리고 그런 모양들을 어떤 이름으로 부르면 좋을까요?

물건을 잘 찾았나요? 그럼 이젠 각 모양의 특징을 알아볼까요?

그럼 이제는 모형을 이용해서 모양 만들기를 해 볼까요. 모양 만들기를 할 때는 무엇을 어떻게 만들지 먼저 생각한 뒤에 해야 해요. 옆의 친구가 만든 모양을 보고 따라 만들면 안 되어요. 스스로 하는 것이 중요하답니다.

모양 만들기를 완성한 뒤에는 무엇을 만들었는지 말해 보세요.

그림 그리기

 수학 시간에도 그림 그리기 활동이 있어요. 2학기 중간쯤 되면 '여러 가지 모양'이라는 단원이 있어요. 이 단원에서 그림 그리기를 해요. 하지만 내가 그리고 싶은 대로 그림을 그리면 안 되어요. 동그라미, 세모, 네모 모양을 이용해서 그려야 해요.

 모양 자를 사용하면 동그라미, 세모, 네모를 잘 그릴 수 있어요.

발표와 모둠 활동 잘하는 법

　초등학교 1학년 수학 수업 시간에는 발표하는 시간도 많고, 다 함께 하는 모둠 활동도 많아요. 모둠 활동과 발표를 잘하려면 우선 친구가 하는 말을 잘 들어야 해요.

　친구가 발표한 이야기를 듣지 않고 발표하면, 친구가 한 말을 똑같이 할 수도 있어요. 그럼 친구가 한 말을 따라 한 것이라고 오해받을 수 있어요.

　모둠 활동을 할 때도 친구의 말에 귀를 기울여야 해요. 내 이야기만 하고 친구들의 말을 듣지 않으면, 친구들이 싫어할 수 있어요.

길이 비교

수학 시간에는 물건의 길이를 비교하여 어떤 것이 더 길고 짧은지 배워요. 물건을 맞대어 보면 쉽게 알 수 있지요.

두 개의 물건 비교하기

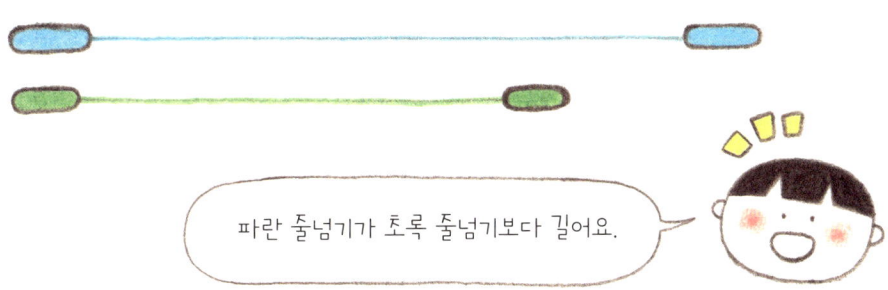

파란 줄넘기가 초록 줄넘기보다 길어요.

세 개의 물건 비교하기

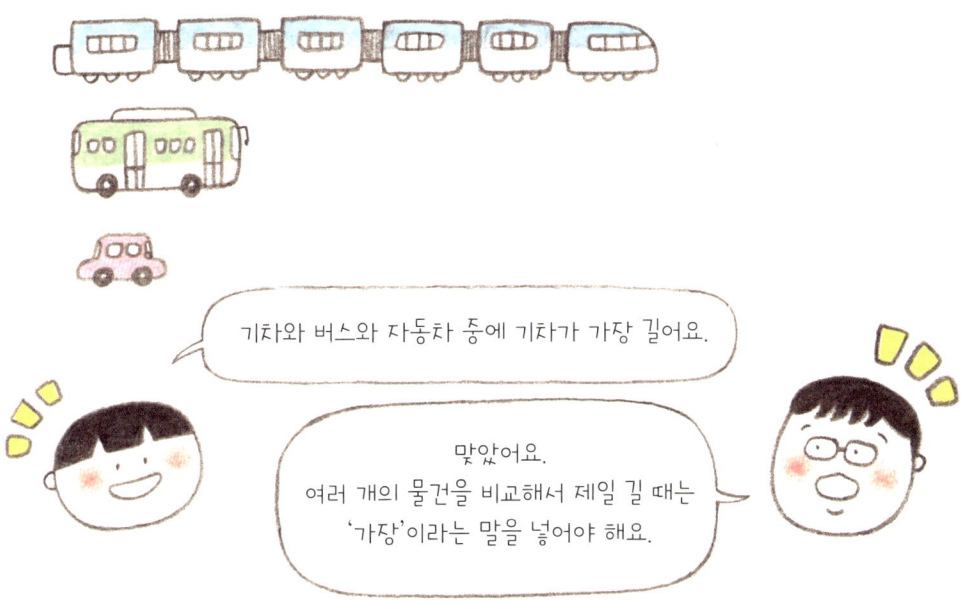

기차와 버스와 자동차 중에 기차가 가장 길어요.

맞았어요.
여러 개의 물건을 비교해서 제일 길 때는 '가장'이라는 말을 넣어야 해요.

문장으로 말하기

학교에서 발표할 때는 선생님께 짧게 말하기보다 정확하게 전체를 말해야 해요. 예를 들어 아래 그림을 보고 말할 때는 어떻게 해야 할지 알아볼까요?

어느 바지가 더 기나요?

✗ 파란색이 길어요.

○ 파란색 바지가 초록색 바지보다 더 길어요.

두 손수건 중에 어느 것이 더 넓을까요?

✗ 꽃무늬 손수건요.

○ 꽃무늬 손수건이 노란색 손수건보다 더 넓습니다.

무게 비교

수학 시간에는 길이뿐만 아니라 무게를 비교하는 활동도 해요. 손으로 들어 보거나 저울을 이용하거나 시소를 통해서 무게를 비교하는 법을 배워요.

양손으로 들어 보기

오른손에 있는 수건과 왼손에 있는 아령 중에서 어떤 쪽이 더 무거울까요? 손수건보다 아령이 더 무거워요.

저울로 재기

저울로 비교할 때는 기울어진 쪽이 더 무거워요. 그래서 빨간 원통 모양이 파란 상자 모양보다 무거워요.

시소로 무게 비교하기

친구 세 명이 시소에 올라가 봤어요. 셋 중에 누가 가장 무거울까요? 시소를 타면 무거운 사람이 아래로 내려가고, 가벼운 사람이 위로 올라가요.

준기가 연수보다 무거워요.

수일이가 준기보다 무거워요.

정답은 바로 수일이에요. 준기가 연수보다 무거운데, 수일이가 준기보다 무거우니까 수일이가 셋 중에 가장 무거워요.

여러 가지 비교 활동

수학 시간에는 길이와 무게뿐만 아니라 여러 가지 비교 활동을 해요. 책상의 크기나 물통의 크기 등도 비교하지요.

책상 비교하기

두 개의 책상 중 어떤 것이 더 넓을까요?

물통 비교하기

두 개의 물통 중 어떤 물통이 물을 더 많이 담을 수 있을까요?

※ 정답은 88쪽에 있어요.

시계 보기

2학기인 11월이나 12월이 되면 수학 시간에 시계 보는 법을 배워요. '몇 시'와 '몇 시 30분'을 나타내는 데까지 배우지요. 시계 보기는 생활에서 매우 중요해요. 시계를 볼 줄 알아야 학교에 지각하거나 약속 시간에 늦지 않을 수 있어요.

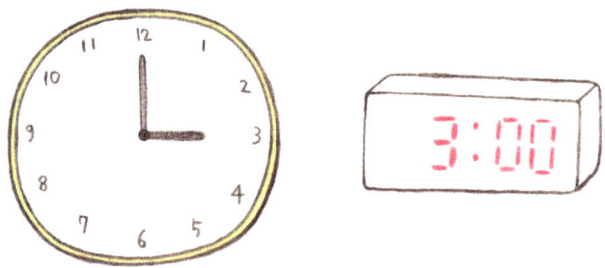

큰바늘이 12에 있을 때, 작은바늘의 숫자가 시간을 나타내요. 작은바늘이 1에 있으면 1시, 2에 있으면 2시, 3에 있으면 3시라고 읽어요.

큰바늘이 6에 있을 때, 작은바늘 바로 위에 있는 숫자를 시간으로 읽고 그다음에 30분을 붙여야 해요. 작은바늘 위에 1이 있으면 1시 30분. 작은바늘 위에 2가 있으면 2시 30분이라고 읽어요.

규칙 찾기

수학 시간에는 몸이나 소리뿐만 아니라 다양한 규칙을 찾는 활동을 해요.

몸으로 규칙 찾기

'양팔을 위로 올리기-양손을 머리 위에 올리기'가 반복되어요.

소리로 규칙 찾기

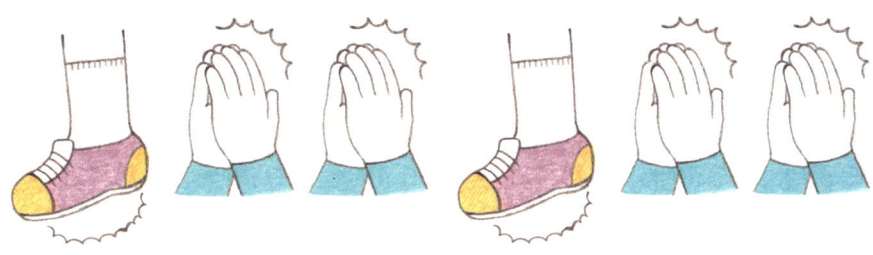

'발로 쿵-손뼉 치기-손뼉 치기'가 반복되어요.

여러 가지 규칙 찾기

빈칸에 어떤 것이 와야 할지 적어 보세요.

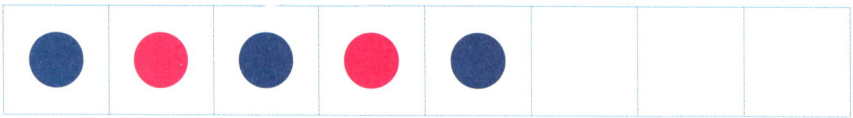

※ 정답은 88쪽에 있어요.

마지막으로 1부터 100까지 수가 있는 수 배열표에서 규칙을 찾는 것을 배워요.

1	2	3	4	5	6	7	8	9	10
11	12	13	14	15	16	17	18	19	20
21	22	23	24	25	26	27	28	29	30
31	32	33	34	35	36	37	38	39	40
41	42	43	44	45	46	47	48	49	50
51	52	53	54	55	56	57	58	59	60
61	62	63	64	65	66	67	68	69	70
71	72	73	74	75	76	77	78	79	80
81	82	83	84	85	86	87	88	89	90
91	92	93	94	95	96	97	98	99	100

① 파란색 줄은 어떤 규칙이 있나요?
② 빨간색 줄은 어떤 규칙이 있나요?

※ 정답은 88쪽에 있어요.

우리 아이 상태 체크하기

　내 아이를 바라보는 부모의 시각은 지극히 주관적일 수밖에 없어요. 왜냐면? 내 자식은 너무나 소중한 존재이기 때문이지요. 하지만, 학교 현장에서 교사는 학생을 객관적 시각으로 봐요. 이때 교사와 부모가 서로 다른 시각을 가지고 보게 되는 학생들이 있어요. 그중에 시각 차이가 큰 학생들이 바로 '느린 학습자'로 불리는 경계선 지능 학생들이에요.

　건강 용어 사전에 따르면 지능 지수(IQ)가 70~85 사이를 경계선 지능이라고 하는데, 전 인구의 13.6% 정도를 차지한다고 알려져 있어요. 초등학교에서 20~30명이 한 반이라고 하면 한 교실에 2~4명이 된다고 볼 수 있지요. 우리나라에서 경계성 지능은 질병으로 보고 있지 않지만, 학업이나 사회적 기대 수준이 과도할 경우 학생의 발달에 부정적 영향을 줄 수 있어 아이의 눈높이에 맞는 교육과 훈련이 필요한 상태를 말해요.

　경계선 지능 말고도 다른 여러 이유로 학습에 어려움을 겪는 아이들이 생각보다 많이 있어요. 부모는 아이가 공부를 특출나게 잘하지는 않더라도 중간 정도는 했으면 하는 바람이 있어요. 그래서 지금 당장은 아니더라도 아이가 언젠가는 능력을 발휘할 것으로 기대하게 되지요. 하지만, 우리 아이가 어려서부터 학습을 어려워한다면 학습 장애나 학습 부진, 경계선 지능 등에 해당하는 것은 아닌지 살펴볼 필요가 있어요. 우리 아이의 상태를 파악하지 않고 학습만을 강요하거나 또는 막연히 괜찮아질 거야 하고 마냥 기다리다가 적절한 조치를 해야 할 시기를 놓쳐 버릴 수 있어요.

경계선 지능과 다른 개념들

경계선 지능	지능 검사상 IQ 70 이상 85 미만. 인지 능력이 부족해 정보 처리 및 고차원 사고에 어려움을 겪는 경우
학습 장애	지능은 정상 범주이나 읽기, 쓰기, 수학과 같은 특정 영역에서 학습에 어려움을 겪는 경우
학습 부진	평범한 지능을 가지고도 환경, 습관, 정서 등 외적 요인에 의해 학습의 잠재력을 발휘하지 못하는 경우
지적 장애	IQ 70 미만으로 전반적 인지 능력이 떨어져, 학습, 일상생활 등에서 현저한 어려움을 나타내는 경우
ADHD	기질적 혹은 환경적인 이유로 인해 주의력 결핍, 충동성, 과잉 행동 문제를 보이는 경우

자료 참조 : 박찬선·장세희 공저 《경계선 지능을 가진 아이들》

    2022년 8월에 열린 한국학교정신건강의학회 학술 대회에서 방수영 노원 을지대병원 정신건강의학과 교수는 기초 학습 부진으로 병원에 의뢰된 학생들을 분석한 연구를 토대로 학습 부진의 원인이 주의력 결핍 과잉 행동 장애(ADHD), 지적 장애, 경계선 지능, 우울증 등의 순으로 꼽혔으며, 느린 학습자들이 우울, 불안, 따돌림 등의 심리 정서적 문제를 다수 동반하고 있다고 분석했어요. 이를 토대로 부모 입장에서 본다면 부모 눈에 쉽게 드러나는 ADHD나 지적 장애도 문제지만, 쉽게 드러나지 않는 경계선 지능도 잘 살펴봐야 하는 중요한 문제라는 것을 꼭 명심해야 해요.

수학 공부, 얼마나 시켜서 초등학교를 보내야 할까요?

학교 현장에서 교사가 학부모에게 가장 많이 받는 질문이에요. 이 질문에 대해 교사마다 다소 차이는 있겠지만, 절대적인 기준이 아니라 상대적인 기준이 중요하다고 말씀드리고 싶어요. 다시 말하면 우리 아이가 현재 수학을 어느 정도 이해하고 있는지를 파악하는 것이 먼저라는 거예요.

아이는 하루가 다르게 성장하고 발달하고 있어요. 그래서 절대적인 기준에 아이를 맞추기보다는 아이가 어느 정도 이해하고 있는지를 파악하면서 맞춰 나가는 것이 중요해요. 즉, 내 아이의 발달에 맞춰 수학 공부를 시켜서 학교에 보내는 것이 좋아요. 수를 100까지 셀 수 있게 하고, 기본적인 덧셈과 뺄셈을 하게 해서 보내는 것이 아니라, 오히려 수학에 대한 긍정적인 생각을 갖게 해서 학교에 보내는 것이 더 중요하답니다.

수학 공부, 어떻게 시켜야 하나요?

수학은 추상적인 학문으로 학생의 사고 발달과 관계가 깊어요. 아이의 사고가 수학을 이해할 만큼 자라나지 않은 상태에서, 추상화된 수 같은 어려운 개념의 수학 공부를 강요하다 보면 아이가 실제로 이해하지 못한 상태에서 이해한 것처럼 행동하거나 생각할 수 있어요. 그래서 어렸을 때는 수학을 구체물인 교구를 이용해서 배우면 좋아요. 다양한 교구를 활용하여 수 감각과 도형 감각, 측정 감각과 같은 수학적 감각을 기르면, 그다음으로 이어지는 후속 학습을 할 때 큰 도움이 되거든요.

수학은 결코 쉬운 과목이 아니에요. 수학은 태생적으로 사람들로 하여금 생각하게 하도록 만들어진 과목이고, 수학 교육은 이런 수학을 이용해서 아이들의 생각하는 힘과 크기를 키우고자 하는 것이니까요. 아이의 생각의 힘과 크기는 외부적 주입이 아니라 학생 스스로 생각하도록 하는 것이 중요해요. 그래서 꼭 기억하고 실천해야 하는 것들이 있어요.

첫째, 수학 공부를 억지로 너무 많이 시키지 말아야 해요.

아이가 학교에서 수학을 본격적으로 배우기 시작하기도 전에 수학을 억지로 많이 해서 수학에 질려 있고, 수학을 싫어하다면 어떻게 될까요? 수학은 아이에게 고통 그 자체가 될 거예요. 그래서 입학 전에 수학 공부를 너무 강요하거나 많이 시켜서 아이가 수학에 흥미를 잃게 하지 않는 것이 중요해요.

둘째, 속도보다는 스스로 생각하게 학습시켜야 해요.

학생마다 수학 문제를 푸는 속도는 분명 차이가 있어요. 하지만 중요한 것은 빨리 푸는 것이 아니라, 아이가 스스로 자신의 생각을 가다듬고 풀었냐는 것이에요. 아이가 문제를 푸는 동안에 옆에서 너무 빠른 힌트와 답을 유도하는 질문을 하지 않았는지 부모 스스로 먼저 자문해 보세요. 만약 그랬다면 앞으로는 아이 스스로 충분히 생각할 수 있는 시간과 기회가 주어진 경험이 쌓이게 해 주세요. 아기 새처럼 부모나 선생님이 주는 힌트를 받아먹게 하지 마시고요. 아이 스스로 생각해서 문제를 해결하는 습관은 앞으로의 공부에 큰 밑거름이 되거든요.

셋째, 수학에 대한 재미있는 경험을 많이 쌓아 주세요.

수학은 분명 쉽지 않지만, 재미있는 활동들을 통해 수학에 대한 흥미와 관심을 키울 수 있어요. 예를 들면 수학 문화관이나 수학 체험관 같은 곳에 가서 수학에 관련된 다양한 체험을 해 보거나, 수학 마술을 해 볼 수도 있어요. 이런 재미있는 수학 활동을 통해 수학에 대한 흥미와 관심이 생기면 수학 시간을 기다리게 되고, 수학에 대한 거부감을 없앨 수 있어요. 수학 문제를 너무 많이 반복적으로 풀어서 수학에 대한 부정적인 생각을 가진 학생들도 이런 경험을 통해 수학에 대한 인식을 전환할 수 있는 계기가 될 수 있답니다.

정답

23쪽

43쪽
사과는 3개, 귤은 7개, 딸기는 9개에요.

48쪽
세 번째   다섯 번째

49쪽

57쪽

◆ 로봇은 모두 몇 개인가요? 3개

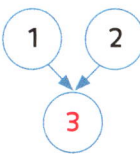

◆ 곰 인형은 모두 몇 개인가요? 5개

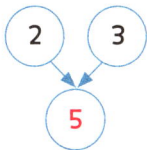

58쪽

◆ 우유   ◆ 빵

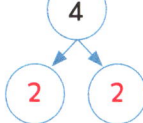

61쪽

42 + 3 = 45

$\begin{array}{r} 52 \\ +\ 3 \\ \hline 55 \end{array}$

20 + 5 = 25

$\begin{array}{r} 30 \\ +\ 2 \\ \hline 32 \end{array}$

60 + 10 = 70

$\begin{array}{r} 50 \\ +30 \\ \hline 80 \end{array}$

62쪽

52 + 27 = 79

　　54
　+ 31
　　85

12 + 65 = 77

　　62
　+ 23
　　85

32 − 22 = 10

　　78
　− 35
　　43

45 − 12 = 33

　　54
　− 21
　　33

64쪽

6 + 6 = 12　　16 − 8 = 8

6 + 7 = 13　　16 − 9 = 7

8 + 8 = 16　　12 − 6 = 6

8 + 9 = 17　　12 − 7 = 5

77쪽

◈ 두 개의 책상 중 어떤 것이 더 넓을까요?
붉은색 책상이 노란색 책상보다 더 넓습니다.

◈ 두 개의 물통 중 어떤 물통이 물을 더 많이 담을 수 있을까요?
흰색 물통이 파란색 물통보다 물을 더 많이 담을 수 있습니다.

63쪽

1 + 9 = 10　　10 − 1 = 9

2 + 8 = 10　　10 − 2 = 8

3 + 7 = 10　　10 − 3 = 7

4 + 6 = 10　　10 − 4 = 6

5 + 5 = 10　　10 − 5 = 5

6 + 4 = 10　　10 − 6 = 4

7 + 3 = 10　　10 − 7 = 3

8 + 2 = 10　　10 − 8 = 2

9 + 1 = 10　　10 − 9 = 1

80쪽

81쪽

① 파란색 줄은 어떤 규칙이 있나요? 1씩 커집니다.
② 빨간색 줄은 어떤 규칙이 있나요? 10씩 커집니다.